PRIX : 1 FRANC.

L'acheteur a droit à un billet de la Loterie
de l'Hôpital de Vesoul.

MONSIEUR L'ABBÉ JAMEY

PAR

Aurélien MARIOTTE

SE VEND AU PROFIT DE L'HOPITAL

chez l'auteur, 14, rue des Ilottes, à Vesoul,
et chez tous les libraires.

VESOUL,
TYPOGRAPHIE DE A. SUCHAUX.

1875.

MONSIEUR L'ABBÉ

VICTOR-ALEXANDRE JAMEY

Vicaire général aux Missions d'Amérique,

PAR

AURÉLIEN MARIOTTE.

1875.

TOUS DROITS RÉSERVÉS.

Vesoul, ce 18 avril 1875.

C'est les larmes aux yeux et le cœur rempli de tristesse que j'entreprends aujourd'hui d'esquisser à grands traits la noble vie de celui qui fut, pendant vingt-cinq ans, mon maître vénéré et mon meilleur ami.

Lorsque naguère, à la funeste date du 28 mars 1874, je voyais avec les déchirements d'une âme impuissante s'éteindre mon aïeule chérie, dont les caresses maternelles ne m'avaient jamais été ravies par un seul instant de séparation, j'étais loin de supposer que j'aurais encore la douleur de perdre, à quelques mois de distance, le prêtre si dévoué qui lui prodiguait avec tant de charité les secours de son saint ministère et lui ouvrait les portes de la céleste demeure.

Ce cuisant chagrin m'était pourtant réservé, et le Souverain Maître avait décidé de rappeler à lui, le 19 novembre de cette même année, le vaillant athlète qui avait porté la parole sainte jusqu'aux confins de l'autre hémisphère.

O mon digne ami! ô mon guide si regretté! vous laissâtes alors un grand vide dans mon existence. Elevé à votre école, nourri de vos principes si fermes, fortifié de vos exemples, dirigé par vos conseils, je me sentis bien isolé dans ce monde sceptique, où trop de gens ne vivent que d'expédients inavouables et de fourberies honteuses.

Je vous pleurai amèrement ; puis la prière fut ma consolation, et l'espoir de vous rejoindre un jour dans le séjour des bienheureux, où votre piété vous a fait prendre place, vint adoucir, sinon éteindre, la vivacité de mes regrets.

Objet de votre confiance absolue, je mis tous mes soins à exécuter vos dernières volontés avec l'exactitude la plus scrupuleuse, et la certitude de m'être ainsi rencontré une fois de plus avec vous dans cette douce communauté de pensées et de résolutions qui rendait notre intimité si attrayante, ne laissa pas que d'apporter dans mon esprit un peu de calme et de résignation.

Aujourd'hui, mon vénérable ami, vos intentions sont remplies ; les ordres que vous m'avez transmis sont presque tous accomplis : ma mission touche à sa fin.

Qu'il me soit donc permis de vous rendre, à vous mon père spirituel, un dernier devoir de piété filiale, et de faire connaître à tous votre zèle, votre apostolat et vos vertus.

Votre modestie les cacha pendant votre vie, votre élève délaissé les révélera au monde, et si Dieu déjà vous en a donné la récompense, il n'en est pas moins d'un exemple salutaire que le récit en soit transmis aux générations qui passent et aux générations qui s'élèvent.

M. L'ABBÉ VICTOR-ALEXANDRE JAMEY.

> Il a choisi la meilleure part....

I.

« Quand tous les souverains de l'Europe et du monde entier, a dit Lacordaire, se réuniraient pour faire un prêtre, ils n'aboutiraient qu'à produire un personnage ridicule et sans dignité. »

Et, en effet, le sacerdoce chrétien n'est ni l'œuvre d'une puissance terrestre, ni le produit de l'esprit de l'homme ; il faut, pour embrasser l'état ecclésiastique, y être appelé par une vocation spéciale de Dieu.

A cet égard, il est certain qu'il y a des signes par lesquels on peut juger prudemment que l'on est porté vers tel état plutôt que vers tel autre, et si une inclination constante et longtemps éprouvée à s'y consacrer, un goût décidé pour les pratiques et les devoirs qu'il impose, un long exercice des vertus qu'il exige, un détachement absolu de tout motif temporel, sont les marques non équivoques d'une vocation solide, il est clair que personne ne les posséda jamais à un degré plus haut que *Victor-Alexandre Jamey*.

II.

VICTOR-ALEXANDRE JAMEY naquit à Varogne (Haute-Saône), le 24 avril 1804, de parents respectables et chrétiens, à l'école desquels il développa sa jeune intelligence dans la connaissance et l'amour de Dieu. Ses grandes qualités, ses vertus naissantes, sa régularité et ses succès ne tardèrent pas à lui assigner au séminaire de Vesoul, où il était entré de bonne heure, une place distinguée parmi les illustrations futures du diocèse. C'est avec les Frayer, avec les Gatin, avec les Gainet, avec tous ces jeunes lévites si remplis d'avenir, et dont les noms survivront longtemps dans la mémoire du clergé bisontin, qu'on le vit dès lors rivaliser d'ardeur et donner un plein essor à ses merveilleuses facultés.

Porté vers les choses de Dieu par un zèle qui devait plus tard activer, comme un feu brûlant, toutes les saintes ardeurs du missionnaire, il se faisait remarquer par son talent particulier pour le raisonnement, par son habileté dans la discussion et par ses spirituelles saillies. Mais toujours bon, toujours charitable, homme de travail, de prière et de mortification, il sut plaisanter sans causer de blessures, et resserrer avec ses condiciples les liens d'une solide et inaltérable affection.

De si heureuses dispositions devaient immanquablement, en tout état de cause, acquérir en leur temps un développement complet. Qu'en advint-il donc, lorsque le jeune et ardent néophyte, sorti de Vesoul pour entrer à Besançon, au grand séminaire, se trouva placé sous l'habile direction d'un professeur éminent, de M. Gousset, le futur cardinal-archevêque de Reims?

Sous cette main si sûre, toutes les facultés de cette belle intelligence s'épanouirent avec rapidité; le commerce intime du maître compléta l'œuvre des cours publics, et c'est dans ces exceptionnelles conditions que l'abbé Victor Jamey fut préparé aux grandeurs du sacerdoce.

Le 11 mars 1826, l'archevêque de Besançon, Mgr. de Villefrancon, lui conférait la tonsure; le 23 décembre, les quatre ordres mineurs; le 23 septembre 1827, le sous-diaconat.

Fait diacre à Besançon, le 16 mars 1828, par Mgr. J.-F.

Martin de Boisville, évêque de Dijon, délégué par Mgr. de Villefrancon, il recevait du même évêque la prêtrise, le 31 mai 1828, pendant la vacance du siége archiépiscopal.

III.

Enfin Victor Jamey était prêtre. Médiateur entre Dieu et le peuple, il pouvait, comme l'a dit S. Thomas, d'un côté transmettre à ce peuple les dons du Tout-Puissant, les grâces du salut, et de l'autre représenter devant Dieu ce même peuple dans ses besoins, offrir pour lui au Très-Haut prières, actions de grâces et sacrifices. Ses vœux les plus chers étaient accomplis.....

On le nomma vicaire à Gy, puis, après son vicariat, curé à Bougey, où il resta quelque temps, faisant le bien, acquérant l'estime et l'affection, ramenant à la foi les esprits égarés et maintenant les fidèles dans les sentiers du vrai. Mais sa bouillante ardeur se trouvait mal à l'aise dans les étroites limites d'une paroisse de campagne. Il soupirait après de plus vastes horizons.

Ce qu'il désirait, ce qu'il fallait à son zèle, c'étaient les pénibles travaux du missionnaire, c'étaient les dangers auxquels il s'expose, c'était la mort du martyr, suite de ces mille périls de chaque jour que la charité fait braver aux âmes chrétiennes, en les pénétrant de sa vivifiante énergie.

Il résista d'abord, se méfiant de ses forces; il hésita; puis, un beau jour, cédant à une impulsion souveraine, il fit voile vers l'Amérique du Nord, gagna la Louisiane, arriva à la Nouvelle-Orléans, et se mit à la disposition de l'évêque, Mgr. Blanc.

Mgr. Blanc était un pieux et saint prélat; ses lumières et sa perspicacité égalaient ses vertus. Il ne tarda pas à distinguer entre tous ce jeune prêtre pour ses rares aptitudes et son brûlant dévouement à l'Eglise catholique romaine.

Aussi le trouvons-nous, dès le mois de mars 1840, curé de la paroisse importante de Saint-Francis, au Natchitoches, en pleine mission. Le 12 décembre de la même année, il est nommé confesseur extraordinaire des sœurs du Sacré-Cœur, au Grand-Coteau.....

En 1841, il quitte Saint-Francis régénéré, pour devenir curé de la paroisse naissante de Saint-Landry, dans les Opélousas, et le chemin que sa science, son habileté et sa piété lui avaient fait faire, dès lors, dans l'esprit de son évêque était si grand, que Mgr. Blanc lui écrivait, à la date du 24 septembre :

« Mon cher Monsieur Jamey,

« Des causes que vous savez, et qui exigent capacité,
« intelligence et action, me décident à vous conférer la
« qualité de *grand-vicaire forain*, pour les deux districts
« des Opélousas et des Attakapas. Je me repose sur votre
« dévouement pour la cause de la religion et pour
« l'honneur du sacerdoce, non moins que sur votre
« prudence et sagesse dans les circonstances où vous
« pourrez être appelé à agir ou à conseiller en votre titre
« et qualité. Par la première occasion favorable, je vous
« ferai expédier des protocoles de dispenses, desquelles
« je ne me réserve que celles du 1er degré d'affinité, vous
« recommandant seulement d'envoyer à l'évêché la note
« de celles que vous auriez accordées pour le 2e et le 3^e
« degré..... »

Puis il le charge d'une mission des plus délicates, au sujet de laquelle le premier grand-vicaire, M. Rousselon, lui écrit un mois après, au mois d'octobre :

« Monsieur et cher confrère,

« Je ne viens point vous féliciter de votre promotion
« au grade de grand-vicaire forain, *mais bien de la
« manière habile dont vous vous êtes acquitté de votre*

« *nouvelle charge à Lafayette*. Monseigneur m'a fait
« part de vos lettres et écrits ; *on ne pouvait faire*
« *mieux*..... »

IV.

Cependant dix longues années de labeurs et de voyages incessants avaient altéré sa robuste santé, et dès 1843, il avait dû renoncer à la vie errante du missionnaire et rentrer à la Nouvelle-Orléans, où nous le retrouvons, le 1er janvier 1844, curé de la paroisse Saint-Augustin. C'est là que lui parvient de toutes parts l'expression des regrets de ses anciens paroissiens du dehors, et nous pouvons entendre, par exemple, la sœur Marie-Lion, religieuse du Grand-Coteau, lui dire :

« Je vous félicite des succès de vos travaux. M. Calot
« affirme que les habitants de votre paroisse étaient
« comme des sauvages et que vous en avez fait de bons
« chrétiens. Je crois qu'il ne serait pas inutile que vous
« reveniez aux Opélousas pour en faire autant ; il ne se
« fait plus de conversions depuis votre départ..... »

Une année encore s'est écoulée, et sa santé de plus en plus chancelante l'a forcé de revenir en France pour y chercher le repos et l'air du pays natal. Le 2 octobre 1844 il est à Jussey, chez M. le curé Four, et là il reçoit cette lettre du P. Abbadie, supérieur du collège de Saint-Charles :

« Je ne vous parlerai pas de vous, du désir qu'on a de
« vous revoir, de la peine que cause votre absence.
« J'espère que l'année d'étude et de repos que vous vous
« donnez une fois terminée, vous viendrez reprendre
« avec des forces nouvelles vos anciens travaux et réjouir
« vos nombreux amis .... »

Et oui, certes, il n'y voulait point manquer, l'apôtre infatigable ; aussi le mois de septembre 1845 était-il à peine arrivé qu'oubliant la maladie, il se préparait à courir de nouveau les combats de la foi.

C'est en vain que ses amis protestaient ; c'est en vain que Mgr. Theurel lui écrivait de Reims :

> « Mgr. Gousset regrette vivement de ne pas vous
> « voir..... J'admire, en vérité, ce zèle qui vous fait de
> « nouveau vous exposer à la fièvre jaune, aux serpents, à
> « l'isolement, à des fatigues et des dangers de tout genre.
> « J'avoue que je m'en sentirais absolument incapable.
> « Que Dieu soit avec vous, mon cher ami, et bénisse vos
> « efforts..... »

Il part donc, et déjà le voilà de retour dans cette Louisiane où tout est à faire, et dans laquelle, à peine arrivé, il reprend avec énergie le cours de ses missions foraines.

Du mois d'octobre 1845 au mois d'avril 1846, il évangélise Ouest-Bâton-Rouge ; puis l'évêque veut l'envoyer à la Pointe-Coupée. Protestation des paroissiens et lettre de Mgr. Blanc, qui lui écrit le 16 avril :

> « Je suis fort embarrassé de savoir ce qu'il y a de
> « mieux à faire. Je ne doute nullement du bien que vous
> « feriez encore à Bâton-Rouge ; j'ai également grand
> « espoir que vous relèveriez les choses à la Pointe-
> « Coupée, et cette dernière paroisse serait pour vous un
> « champ plus vaste. Cependant je vous laisse libre de
> « choisir.. .. »

Il hésite un instant ; mais l'affection l'emporte, et il reste encore six mois au milieu de ses ouailles chéries : car c'est seulement en octobre 1846 qu'il devient curé de la Pointe-Coupée (Waterloo).

Cette paroisse était perdue; l'indifférence y était extrême; l'irréligion se répandait à longs flots dans ce jeune troupeau à peine converti. Mais l'évêque connaissait le prêtre qu'il lui avait destiné; avec l'abbé Jamey la régénération était prochaine, et l'espoir fondé à bon droit sur ses hautes capacités et surtout sur sa vertu était si général, que le P. Abbadie lui écrivait quelques jours après son installation :

« Vous avez peu de choses à faire à la Pointe-Coupée,
« donc vous y ferez beaucoup. Déjà notre excellent
« Porche m'a écrit que, depuis que vous êtes là, la
« paroisse n'est plus reconnaissable. La première fois
« que vous avez dit la messe, il n'y avait, pour l'entendre,
« que cinq ou six personnes; avant longtemps, tôt ou
« tard, il n'y en aura que cinq ou six qui ne l'entendent
« pas..... »

Malheureusement la maladie vient de nouveau l'empêcher de poursuivre le cours de si éclatants succès, et le voici, deux ans plus tard, en 1848, revenu à la Nouvelle-Orléans, où il continue, avec les fonctions pastorales, ses fonctions de vicaire général de l'évêque.

Le 24 octobre, on lui écrit de la Pointe-Coupée :

« Nous sentons plus que jamais combien vous nous
« faites faute. M. R***, notre curé, est certainement
« un pieux et excellent homme; mais ce n'est pas vous.
« Notre paroisse est dans un état de permanence; depuis
« votre départ, il n'y a pas eu de nouvelles conversions.
« Tout est au même point; chacun vous regrette; on se
« dit (même les plus éloignés de la religion) : Si M. Jamey
« était ici, nous nous approcherions des sacrements; ce
« prêtre est si persuasif qu'il nous y entraîne par un je
« ne sais quoi que nous n'avons jamais senti en nous-
« même.... »

Quel éloge flatteur, quel témoignage que de semblables paroles sortant de la bouche d'un rude planteur, d'une de ces franches et simples natures auxquelles le mensonge et la flatterie sont également inconnus !

V.

Au mois de décembre 1849, M. Jamey est curé de Saint-Vincent, à la Nouvelle-Orléans, et, décidé dès lors à revenir en France, il y reçoit cette lettre de la sœur Praz, supérieure de la communauté de Saint-Michel, aux Opélousas, mission qu'il avait fondée et où il avait établi une école prospère :

> « La sœur Cutto, notre supérieure générale, est bien
> « peinée de votre départ définitif, car les fruits que vous
> « avez fait éclore sont déjà passés à l'indifférence..... »

C'était lui dire, en d'autres termes, ce que chacun se plaisait à lui répéter, que son absence laissait partout un vide irréparable, et qu'on n'avait pu en aucune façon le remplacer.

Il part donc pour la France le 20 mai 1850 ; il se sépare avec tristesse de ses paroissiens qui le regrettent, de ses amis qui le pleurent, de son évêque qui tient à lui donner ce certificat comme une dernière preuve de sa confiance et de son estime :

> « Nous soussigné Antoine Blanc, évêque de la Nouvelle-
> « Orléans, certifions à qui il appartiendra que M. l'abbé
> « Jamey, depuis environ quatre ans qu'il est de retour
> « dans notre diocèse, a constamment exercé le saint
> « ministère avec autant de zèle que de désintéressement.
> « Et à ce titre nous n'hésitons pas, vu la résolution qu'il
> « a prise de rentrer en France, à le recommander à
> « NN. SS. les archevêques et évêques auxquels il pourra
> « se présenter, certifiant au besoin qu'il n'est pas à notre

« connaissance qu'il ait encouru la moindre censure
« ecclésiastique.. .. »

Sa traversée est heureuse et rapide ; il touche au Havre-de-Grâce, et bientôt il foule aux pieds le sol natal, le sol de cette Haute-Saône tant aimée, où il a laissé ses souvenirs d'enfance et ses plus chères affections. Déjà il sent couler dans ses veines un semblant de vigueur ; déjà son corps miné par la fièvre jaune, qui deux fois l'a placé aux bords de la tombe, lui paraît reprendre des forces nouvelles.

Hélas ! son épuisement était complet, et, seul, le zèle qui le dévorait pour le salut des âmes pouvait lui créer de semblables illusions. Mais le saint prêtre, le courageux apôtre pourrait-il rester inactif ? Il vole à Besançon, il se présente à Mgr. Mathieu, il demande une petite paroisse. Qui n'eût cédé à ses instances ?

Le 11 novembre 1850, il est nommé curé de Savoyeux avec les pouvoirs les plus étendus pour l'exercice du saint ministère ; le 5 décembre 1852, M. Cuenot, vicaire général, le nomme confesseur extraordinaire des sœurs de l'Ermitage établies à Mercey, et le 14 novembre 1853, ce titre lui est donné sur tous les établissements du même ordre se trouvant dans le voisinage.

C'est là que, tout enfant, j'ai connu pour la première fois cet éminent et vénérable ami.

Il resta neuf ans dans cette paroisse, y faisant constamment le bien, et s'y créant une renommée qui lui survivra pendant de longues années.

Curé de Savoyeux, il a pris à sa charge et élevé ses deux neveux en bas âge, dont il entretint plus tard l'aîné à la légion romaine ; pendant la désastreuse année de 1854, il sauva le village de la disette par son intelligente charité et grâce aux chargements de riz qu'il sut faire arriver d'Amérique. Plus tard, il donnait à la fabrique le jardin actuel du presbytère, jardin qu'il avait acquis de ses deniers et qu'il eût pu revendre à des particuliers au double du prix d'achat.

Dévoué pendant l'épidémie cholérique jusqu'à la plus complète abnégation, il aidait les malheureux de sa fortune, de ses conseils et de ses soins, et, par l'énergie morale qu'il leur communiquait, il arrêtait dans sa paroisse les ravages du terrible fléau.

Que d'infortunés il a retenus sur la pente de l'abîme ! Que de plaies il a cicatrisées ! Que d'espérances il a fait revivre !

Aux prises avec des difficultés que sa conscience l'obligeait à vaincre dans l'intérêt du salut des âmes, il y faisait tête avec la plus grande vigueur, et recevait de Mgr. Mathieu, le 6 octobre 1859, un témoignage d'approbation et de dévouement.

Il était pour ses confrères un modèle de tous les jours. Sachant qu'une vie dissipée est incompatible avec l'esprit ecclésiastique, il s'absentait rarement de sa paroisse ; ses visites de bienséance elles-mêmes étaient courtes et peu répétées. Mais toujours, dans sa cure, à l'église, au chevet des malades ou aux côtés de ceux qui souffrent, il se tenait constamment à la disposition des brebis qui lui étaient confiées.

D'une simplicité toute apostolique, il abhorrait le luxe, les réceptions et les festins ; sa régularité était poussée jusqu'aux limites les plus extrêmes. Il fuyait comme un danger les divertissements frivoles, les délassements du monde et les jeux les plus tolérés, car il craignait, disait-il, de perdre ainsi un temps qui ne lui appartenait pas, l'esprit de Dieu et l'esprit intérieur si nécessaire aux ministres de Jésus-Christ.

Seule, l'étude occupait ses loisirs ; ses chers livres étaient toute sa distraction, et je le vois encore compulser avec bonheur ces in-folios poudreux, d'où il tirait plus tard son beau travail d'annotation sur la bible de Carrières et Ménochius.

En 1860, il repartit une troisième fois pour l'Amérique, et, comblé des témoignages de sympathie du nouvel archevêque, Mgr. Odin, il exerça les fonctions délicates d'aumônier du couvent du Sacré-Cœur, à Saint-Michel.

Ce voyage néanmoins fut de courte durée et cette expérience fut la dernière.

Dès le mois de mai 1862, le vaillant missionnaire regagnait la France pour ne la plus quitter.

VI.

Retiré près des amis qui avaient su apprécier sa science profonde, ses vertus éprouvées et son grand cœur, M. Jamey passa les treize dernières années de sa vie à Echenoz-la-Meline, puis à Vesoul.

Il continuait de vivre avec ses livres, donnant aux Gaume, aux Lebrethon les conseils les plus appréciés sur leurs productions théologiques, et recevant de ces hommes illustres des témoignages flatteurs de reconnaissance et de respect.

Providence de ses confrères, dont il était l'exemple et l'édification, il ne sortait de sa retraite que pour les remplacer, les seconder ou les guider dans l'exercice de leur ministère. Que de fois ne le vit-on pas, dans les temps froids de l'Avent ou du Carême, partir dans son humble tenue, avec son petit sac d'où sortait son bréviaire romain, pour donner des missions où il épuisait le reste de ses forces.

Ce pionnier de la foi devait s'éteindre comme il avait vécu; aussi, Dieu lui donna-t-il dans sa bonté la plus belle mort que puisse envier un prêtre : il expira au confessionnal, sur le champ d'honneur, le 19 novembre 1874, à l'issue du saint sacrifice qu'il venait de célébrer.

VII.

Et maintenant qu'ajouterons nous encore? — Vous êtes au Ciel, mon digne et vénérable maître ; mais vos œuvres n'ont point cessé leur cours ici-bas, et le bien que vous avez fait sans cesse pendant votre vie n'a point pris fin à votre mort.

La mort !..... elle ne vous a point surpris. Homme du devoir, homme de prudence, vous aviez tout prévu, tout réglé ; vos préparatifs étaient faits depuis longtemps, et vos dispositions matérielles elles-mêmes n'étaient point restées sans solution.

Cette aisance qu'il plut à la Providence de vous accorder, elle sera employée à continuer votre apostolat. Attribuée à vos parents pauvres dans une raisonnable proportion, elle servira, quant au surplus, à nourrir la religieuse éducatrice de la jeunesse et gardienne dévouée du chrétien souffrant ; elle servira à subventionner ces missions précieuses qui fortifient le croyant et convertissent l'infidèle ; elle servira au soulagement des misères cachées, à l'entretien des églises, des hospices, de jeunes et zélés successeurs de vos travaux, qui iront puiser auprès de cette chaire de Pierre, objet constant de votre ardent amour, la vraie doctrine et les paroles entraînantes.

Daigne le Seigneur vous tenir compte devant sa suprême justice de toutes ces bonnes œuvres et accorder ses grâces à celui que vous avez chargé de les accomplir !

Mon digne ami, mon bon maître, au revoir dans le Ciel. Du haut du séjour de la gloire où Dieu vous a placé sans aucun doute, priez pour les amis que vous vous étiez choisis, et qui, pendant vingt-cinq ans, ont reçu tant de preuves de votre inaltérable affection.

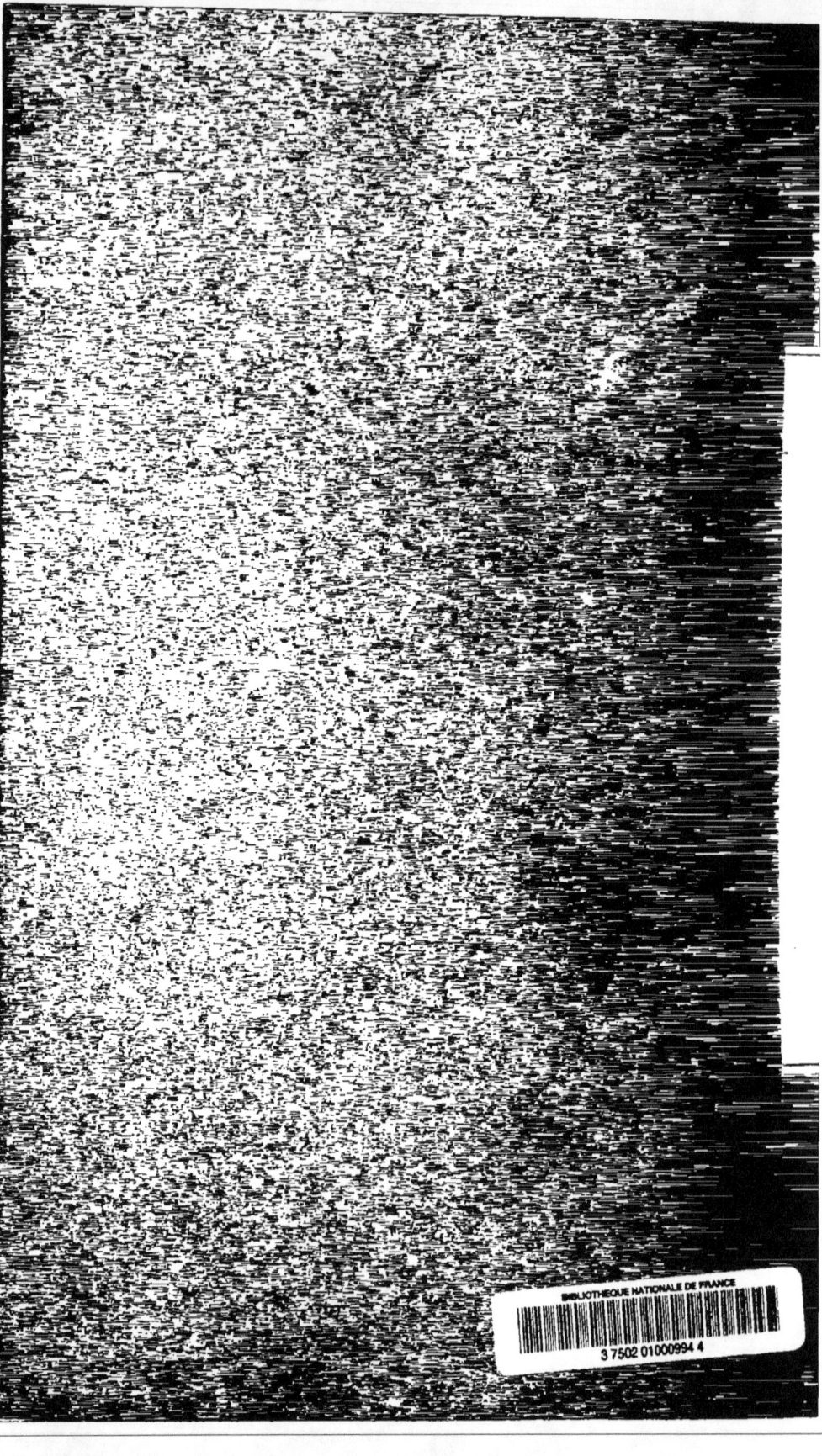

www.ingramcontent.com/pod-product-compliance
Lightning Source LLC
Chambersburg PA
CBHW060921050426
42453CB00010B/1854